Voyage vers l'unité

Édition : BoD · Books on Demand,
31 avenue Saint-Rémy, 57600 Forbach,
bod@bod.fr
Impression : Libri Plureos GmbH,
Friedensallee 273, 22763 Hamburg
(Allemagne)
ISBN : 978-2-3225-7077-5
Dépôt légal : Avril 2025

Voyage vers l'unité

Syd Césaria

Moi et Eux

Je suis de celles qui se sont toujours posé des questions, de celles qui se sont construites sur des bases tellement instables qu'il ne reste plus que la déconstruction. Je porte des bagages et des espoirs, des freins et un plein dans le réservoir. Je suis emplie de dualités et j'ai un vide à combler. C'est dans ce vide que je cherche inexorablement à disposer ce dont j'ai toujours manqué :
le sens.
Pour déconstruire je m'apprête à contempler, ces valises mal rangées, leurs reflets. Je me lance dans une quête et je ne suis pas sûre d'y arriver, pour autant je sais qu'il ne me reste rien à faire d'autre que d'essayer.

Les passants

Ils marchent d'un pas décidé ou d'un pas
traînassant,
Leurs postures, la position de leurs mains,
La façon dont elles se balancent, restant fermées,
contractées ou, à l'inverse, pointées vers le sol se
baladant librement.
Assise, je les observe, j'en suis du regard et
m'attache à leurs gestuelles, à ce côté humain
dissimulé, à l'étincelle que j'aperçois presque, puis,
ils échappent à ma vision, se fondent dans le décor,
emportant avec eux tout ce que je ne sais
distinguer.
Ils restent des inconnus, des inconnaissables.
Je m'interroge sur le mystère qui les compose,
sachant qu'ils ne sauront rien de l'attention que je
leur ai portée.
Ils racontent une histoire que personne ne saurait
entendre, un bruit inaudible que traduisent leurs
singuliers pas.
Ils passent, trépassent, s'effacent.
Pourtant, reste, au-delà du perceptible, des aprioris
et des conditionnements, ce qui les rend mes
semblables.

L'inconnue à la bouteille

Cette dame, face à moi, comme un miroir de tout
ce que je ne suis pas,
Je l'ai vue se faire agripper par le vigile du
magasin, elle n'en était pas à son premier vol,
disait-il.
Avait-elle volé la boisson que de sa main elle
ballottait, quand, plus tard sur cette place, nos
chemins, à nouveau, se croisaient ?
Est-ce ce breuvage, qui brûle à la gorge, qui l'aida à
tenir, l'accompagnant, durant l'hiver passé ou,
a-t-elle un chez-elle où se blottir quand la nuit
s'abat et que le dehors se fait frais ?
A-t-elle un repère, autre que cette bouteille, pour la
garder en vie ?
Attend-elle qu'aujourd'hui passe, péniblement,
redoutant la journée qui suit ?

Ses jambes frêles qui jamais ne se touchent, nues
sous cette jupe courte, difficilement l'accrochent au
sol, à croire que c'est la boisson qui lui permet de
supporter de marcher encore un soir, de marcher
toujours, le foulard au vent.
Quel parcours a-t-elle eu ? J'imagine qu'il fût dur et
que dans le brouhaha elle s'est perdue car, de ce
qu'elle renvoie, c'est le plus évident. Quand on a
plus que l'alcool comme soutien, comme appui pour
rester debout, alors qu'au fond c'est bel et bien lui,
qui en fait tomber beaucoup, alors que reste-t-il ?
Souhaite-elle que quelqu'un vienne la secourir ou
peine-t-elle à croire qu'autre que la mort puisse
l'arracher à la douleur qui la pousse encore à se
noyer ce soir ?

Hier, elle buvait également, je ne l'ai pas aperçue, mais je le devine à sa peau qui montre que des lundis comme ce mardi, elle en a connu.
Aujourd'hui ressemble à hier et le jour n'importe plus, elle est trempée de ses blessures et aime plutôt ce liquide qui colle à la peau que les larmes qui, incontestablement, empliraient plus rapidement l'espace qui réside dans ses poumons.
Demain sera semblable, c'est certain, sûrement 20 ans que ses rêves sont bien lointains, je peine à estimer son âge tant l'addiction fait des ravages, dans sa démarche elle trace des pas sur lesquels, elle reviendra.

Voilà longtemps que je ne l'ai plus face à moi, je n'oublierais sa chevelure qui suivait dans son élan le foulard et, j'espère, comme elle ne peut plus le faire, qu'on la secouera pour autre chose que pour des articles soutirés à une grande enseigne, qu'elle sera ébranlée par quelqu'un d'autre qu'un type qui tient plus à son pauvre travail qu'à se poser des questions sur la détresse de cette dame.

Station Bellecour

Cette station et ses couloirs ont toujours cette agréable senteur, ce pareil parfum, j'en arrive presque à imaginer la même femme, ici, s'apprêter tout les matins.

L'odeur persiste jusqu'au soir, malgré la sueur émanant du monde qui s'y fraye un chemin, j'aime penser que c'est l'assemblage parfaitement équilibré de tous ces promeneurs quotidiens.

Cette station me provoque, à chacun de mes pas, longeant ses murs gris, un relent d'images de souvenirs lointains.

Elle a abrité mes premières brasses sans bouée dans le grand bassin.

Elle m'a donné la clé qui m'appartient, m'a serré la main et un jour m'a rejetée quand son cœur ne fût plus mien.

Rageuse !

Dans la cour de récréation, petite enfant au gilet bleu roi, tendant vers les extrêmes, accessibles en pensées déjà, moquée par des gamins dont les parents n'en étaient pas. Quels parents, me diriez-vous, quels enseignants pouvaient imaginer l'ampleur de la détresse de cet enfant ?
Timidement, je l'ai dit, je l'ai murmuré pour chercher la protection puis les moqueries ont continué à se faufiler jusqu'à me faire tanguer, jusqu'à ce que la confiance en l'adulte soit ébranlée.
Dans la cour de récréation un jour s'est formé une ronde, avec moi comme centre, mes petites ballerines à mes pieds et mon visage terrifié, l'attention de mes camarades était portée sur moi et mes larmes furent mon seul échappatoire, un mot répété à de multiples reprises comme châtiment, scandé avec ferveur par cette petite que les autres appuyèrent immédiatement, défouloir et source de rire pour eux, cassure pour moi de l'émerveillement, tout fût noir à cet instant.
Résonnait :
« Rageuse ! »

Pourquoi ?

Ma tête, toujours, regorgeait de questions, les réponses, je les cherchais en mes référants et puis un jour mes « Pourquoi ? » arrêtèrent de trouver de longues explications, je ne sais pas réellement si un jour ils prirent ce temps. Je ne sais dire si qui que ce soit les considérèrent un jour comme autre que le déclencheur à un ricanement hautain, preuve cruelle de pouvoir paressant de plus belle par ces réponses qu'eux aimaient tant :
« Parce que. » ou « Parce que c'est moi qui décide. »
Oh oui, que cela est malin de jouer à ces jeux d'ego face à une enfant, face à l'incompréhension pure, face à l'absence d'expérience, face à une terre vierge de culture !
Je ne savais rien et ils savaient, je demandais et ils contournaient ou pire, ils mentaient. Je ressentais, la profonde injustice, la cruauté, j'avais cette impression que le monde entier partageait un secret, qu'ils étaient tous ensembles face à moi, que j'étais seule, laissée-pour-compte face à eux.
Je porte les blessures de l'injustice, de la trahison, de l'humiliation, de l'abandon et du rejet, je porte la blessure de toute une société.

In-famille

Les schémas se bousculent, s'articulent,
Se changent en sourires effacés sur les pellicules.
Si, du silence, ils m'ont tuée, comment pourrais-je
parler ?
Si les liens sont bâclés, recousus au fil de toiles
d'araignées après la soumission et l'infamie,
l'in-famille, comment avancer ?
Si je suis humiliée, écorchée au fil barbelé de leurs
intimités, rejetée, comment me rapprocher ?
J'ai besoin de leur soutien, de leurs cœurs près du
mien, mais quand ils m'approchent je ne sais que
sentir leur malaise, leurs souffles robotisés,
orchestrés par les cris de souffrance que je leur ai
déposés.
Le mur est si épais entre eux et leurs passés, puis
entre eux et les erreurs qu'ils ne savent avouer,
qu'ils voient à peine pourquoi je suis couverte de
plaies.

Wanteko

Il était plus âgé de quelques années, j'étais jeune, à peine arrachée à l'enfance.
Nous partagions nos douleurs, nous nous saoulions au bruit de nos cris d'agonies,
Liés d'une promesse au léger goût malsain,
Tenir bon, résister à la triste tentation,
Jusqu'à sauter ensembles pour ne pas périr seuls,
Se laisser consumer main dans la main si tous deux n'avions plus que ce serment comme raison de ne pas céder,
Toutefois, si l'un d'entre nous affichait un quelconque espoir alors, l'un comme l'autre, nous ne passerions au-delà de la barrière métallique.
De l'espoir, heureusement, j'en gardais un peu, pour lui. Il n'avait plus l'air d'en vouloir, il s'était résolu au déclin de sa vie, alors, mon cadeau, je me l'offris.
Il comprend, je ne pouvais finalement lui tendre la main sans en perdre l'équilibre, sans, au fond, le rejoindre.
J'avance en funambule et il n'y a que seule, que sur la corde, je tiens.

Avancer

Même si je tombe amoureuse, je saurais avancer, je
saurais délaisser le goût de tout saccager. Pas une
fois de plus mon existence ne sera mise en pause
pour des mains ou des yeux même si grandioses.

La vie continue, même après son départ et en
souvenir, j'ai l'odeur de sa peau quand on sillonnait
les bars. Sous le soleil tout chaud je la perdais de
vue car souvent il était tard, tôt, et elle avait trop
bu.

Même quand le train est passé, que de la boucle je
me suis extirpée, que de la soirée je ne l'ai pas
agrippée pour danser,
Ma peau sait se remémorer la pression avec
laquelle elle me serrait fort contre elle, sa manière
de m'englober comme pour m'attirer dans un
monde en pause que je ne saurais plus quitter, un
monde en prose, qu'elle même ne lisait.

Je ne l'entends plus et je boucherai mes oreilles,
pour que ses paroles plus jamais ne me laissent
dans un état pareil, le ventre retourné, crépitant
d'amour,
Je croyais,
d'angoisse de sa voix qui hausse le ton,
En réalité.

Même si je tombe amoureuse, j'aspire à voir de la
lumière, j'aspire à voir par mes yeux, car plus
jamais à travers elle, ou à travers eux.
Bien souvent j'ai cru que tout était noir, bien

souvent n'était pas constamment pour que mon regard je ne détourne, j'ai vu des mirages qui en valaient bien le détour. Des mirages en illusion, n'est-ce pas là un pléonasme ? Deux mots pour me faire comprendre à quel point c'était faux, mais assez beau pour m'autoriser une légère déviation, Un mirage comme un faux panneau de signalisation.

Je ne me laisserai plus stagner, même pour un espoir, un jour qui se démarque et auquel on veut croire, je me refuse à m'adonner à la même erreur que je fus cette fois et je me jure d'avancer, rien que pour moi.

J'ai oublié

En avançant j'ai délaissé tant de notre facilité, je ne
sais plus ce que nous étions, avant le vent qui
annonce la pluie, avant que notre complicité
s'éteigne passé minuit. Je ne sais plus comment
était, nos échanges avides de pensées, je ne me
souviens plus de la spontanéité,
J'ai tout délaissé,
Délestée,
Je suis,
Éloignée.
Je serais,
De l'enchaînement limpide de ses mots et des miens
aux bruits cristallins.
La nuit était passée, nous étions toujours debout, le
soleil étincelant sur le haut de ses joues, je ne sais
plus me souvenir à quel point c'était doux,
Comme une impression
d'être
avec
mon tout.
Mais minuit est passé et la pluie est venue,
Je n'avais pas acquis que la pluie, jamais plus, ne
laisserai place au même soleil qu'à Marseille,
À l'absorption pareille
à cet instant présent,
À la pluie qui amène systématiquement le beau
temps.
Minuit et quelques, je ne sais plus que son nom,
de tête, je n'avais plus
qu'elle
comme maison.

Attraction Répulsion

Quand je m'avance vers elle au milieu de la foule,
Tout nous amène, inlassablement, à nous
rapprocher jusqu'à ce qu'ait lieu une collision,

  Celle de son âme,
  De la mienne,
  De son désir,
  Du mien,

L'explosion de la tension qui nous attire l'une vers
l'autre.

Quand je suis contre elle, quand l'attraction fait
taire tout ce qu'il y a autour je sais,
Un centimètre nous séparant en entraînant un autre
que,

Ni nos bouches
Ni nos yeux, ne se croiseront plus de la soirée.

Je la perds et je ne la cherche plus, la répulsion
suivant l'attraction vient remettre de l'ordre dans
notre relation.

Notre Saturne

Nous nous retrouverons sur Saturne,
Enneigé, elle l'esquissait de ses mots lors de nos
adieux.
De sa douce voix accompagnée par le bruit de ses
doigts sur les cordes, je la décrivais comme mon
Soleil.

Les anneaux de Saturne sont fait de gaz et de
poussières et le Soleil que je la pensais être n'est
pour moi qu'un trou noir m'ayant attirée dans son
champs gravitationnel, m'empêchant de rayonner.
Nous ne nous retrouverons jamais sur Saturne, elle
l'engloutirait sans même l'avoir touché.

16 ans

16 ans, j'ai goûté à la vie des enfants qui n'ont pas
eu le droit d'être des enfants assez longtemps.
Ces excès qui forment ma façon d'être équilibrée
sont imperceptibles et dissimulés.

J'ai fréquenté des hommes et des substances qui
n'étaient pas de mon âge et ne sont de celui de
personne.

Je connais la violence dissimulée,

La manipulation.

Je connais l'illusion d'un contrôle qui est soumission.

J'ai goûté à la pire manière d'être perçue comme
femme,
Celle qui est enfaite un déguisement de manières et
de décolletés, qu'on fait porter à une enfant à la
conscience altérée.

On m'a tellement poussée à être forte pour assumer
mes différences qui étaient moquées,
On ne m'a tellement jamais rassurée dans l'enfance
et le cocon qu'elle représente
que j'ai,

À tout prix voulu être chérie comme une grande,

Été droguée pour m'oublier, pour mieux enfiler un
espèce de charisme, comme carapace, déjà tout
fait.

Je sais,
Les regards se portent sur moi comme dans un élan
de pitié,
Pire encore, parfois je serai jugée, prise comme
fautive dans un jeu ou je ne suis qu'un pion,
Un jeu orchestré par des grands,
Des grands qui,
pour une raison ou une autre, portent leurs regards
sur des enfants.
Alors malgré vos jugements je ne cesserai de les
blâmer,
Je ne cesserai de me savoir être la victime que je
n'ai jamais voulu incarner.

Toi, Moi et Eux

Après avoir, à l'apogée de cet hiver, tâtonné dans le noir, j'ai croisé le soleil de ses yeux et mon cœur s'est empli de cette légèreté qu'est d'aimer partout, aimer tout le temps, aimer pour tout instantanément. Cela m'a montré qu'il y avait un après à cette introspection qui m'a permise de me soigner mais qui avait le goût d'un chemin dont on ne connaît pas le bout, dont on ne connaît pas l'aboutissement mais, que l'on espère déboucher sur une prairie, un printemps.

Moi, l'adulte

Nos plus beaux moments pour moi sont ceux où, mes yeux posés sur toi, je me rends compte de la personne merveilleuse que tu es, sans rien attendre de toi et en prenant la responsabilité des sensations désagréables ressenties à tes côtés, ces moments où j'ai conscience de mon prisme de perception, ayant pris le recul nécessaire. Mes sensations et ma peur t'accusent, comme elles accusent toute l'humanité, quand, mon adulte intérieur sait les comprendre et leur offrir la possibilité de s'apaiser pour ne jamais te faire subir celles-ci.
Ce ne sera jamais de ta faute. C'est de la faute de ces gens qui m'ont piétinée, moi et l'enfant qui est à mes côtés, un enfant qui ne cherche qu'un brin d'amour et de sécurité. Cet enfant je lui offre mon amour après de longues années à le nier et je suis heureuse de pouvoir désormais te laisser m'aimer, moi, l'adulte qu'est devenue l'ado en colère
qui protégeait,
maladroitement,
l'enfant apeurée que j'étais.

Dis-le

Tu m'as dit « Dis-le » me regardant droit dans les yeux, après plusieurs « Ça va ? » auxquels je ne savais répondre avec honnêteté. Je n'ai pas su le sortir, l'exorciser, j'ai gardé en moi ce que j'avais à te dire, à peu de craquer, de fondre en larme et de tout te raconter. Je t'ai demandé en souriant faussement « Que veux-tu que je te dise ? », pour qu'à ma place tu traduises mes tremblements.
Tu m'as dit avec toute ta délicatesse « Est-ce que tu veux faire l'amour ? » en sachant pertinemment que la réponse serait « non » car j'irradiais la peur que tu n'avais pas provoqué volontairement, j'avais peur que mon « non » tu ne prennes sérieusement, ce même « non » qu'ils ont ignoré, même prononcé à plusieurs reprises, alors j'ai murmuré un « je ne sais pas » toujours incapable de te parler, puis je me suis glissée entre tes bras et ton souffle m'a susurré « promis, ça va aller ».

Tu as guéri en moi, ce soir-là, par tes yeux et tes gestes, cette partie de moi se sentant salie qui ne savait plus s'affirmer, tu lui as offert un final « ce n'était pas de ta faute ». Tu m'as offert la possibilité d'affronter mon angoisse, de comprendre les répercussions des traumatismes et de ne plus leur donner le pouvoir de tout terrasser.
Je suis persuadée que je sais désormais un peu plus avancer.

Mes plaies et toi

Tu soignes en moi beaucoup de blessures. Non pas
à la manière d'un pansement agrémenté de
dopamine qu'avant toi,
souvent,
je réclamais,
pour par la suite pousser ces êtres qui m'étaient
chers à l'arracher.
Ce même enchaînement afin de me rappeler à cette
triste réalité que celui-ci n'était que temporaire,
abîmant encore un peu plus la plaie avant même
que celle-ci ne se referme.
Notre relation, elle, sans même que tu le souhaites
et sans que je l'ai conscientisé, me pousse à
finalement, cautériser mes plaies.

Est-ce trop ?

Tout mon être te crie « je t'aime » et quelque part c'est tragique, quelque part je te crie dans un étouffement, quelque part je me pleure de t'aimer tant, est-ce trop ?

Je ne souhaiterais que cela s'arrête mais cela cessera-t-il ? Je n'ai plus peur, je crois, alors pourquoi je me pleure de te chérir si fort ? C'est joli de t'aimer alors pourquoi un frisson de confusion parcourt mon corps ?

Que je t'aime et ça m'effraie dans cette danse exaltée, que tu me manques tellement et c'est là que je frissonne que
Tu
Me
Manques
Réellement,
Comme addiction,
Que ta présence manque à mon existence quand nos routes se sépareront.
Se sépareront-elles ?

C'est si joli à tes côtés, et même les moments de joie, auront-ils ce même goût si je me sépare de toi ?
Si tu t'écartes souffrirais-je ? En viendrais-je à te retenir ? Accepterais-je ton départ les yeux larmoyants ? Peut-être que, j'en viendrais finalement à te fuir, pour cause, cet amour débordant ?

Est-ce l'amour qui me fait peur ou bien
l'attachement ?

Te surprends-tu à avoir peur du fait de m'aimer
parfois ? Suis-je seule dans cette peur qui me
rattrape d'un pas sournois ?

Amour débordant

J'ai rencontré une femme à la figure maternelle qui
m'a grandement transmis par ses mots et plus
jamais je n'aurais peur, j'ose espérer, de t'aimer
comme je le fais,
Comme je le sais être, mon amour débordant qui
t'est consacré,
Que c'est toi, mon amour, que je laisserai abonder,
je contemplerai ma tendresse s'écouler hors des
bordures si elle doit,
Avec le cœur
Avec l'âme
Avec joie,
Que tu te laisses porter au large ou que tu te
raccroches à moi,
J'ose souhaiter, de mon amour, qu'il te porte aux
rives, aux côtes de tes rêves qu'ils m'excluent ou me
contiennent, que tu me laisses à la mer ou que sur
les terres tu m'entraînes.
Si tu m'entraînes, peut-être pourrions-nous,
Déverser nos fleuves dans cette malheureuse
coupe,
Qu'elle se brise,
Que son eau,
Submerge les villes,
Que l'on nage,
Tous deux,
Dans notre amour embaumant,
Rien qu'à deux, créer, tout un océan ?

Toi et Moi

Ils t'ont blessée, n'est-ce pas ? Mais, certains d'entre eux t'ont aidée et t'aideront, ne vois-tu pas ?
Sans eux tu n'aurais posé les yeux sur lui, Sans eux tu n'aurais posé les yeux sur toi.
Tu peux les pardonner, tu peux te pardonner.
Permets-toi de lâcher prise pleinement au fait d'aimer.

Le poids de nos douleurs

C'est lourd mais on s'allège.
Qu'est-ce que j'ai peur de te montrer à quel point parfois c'est lourd, j'ai peur que tu ne comprennes pas que je serai capable de porter tout ça la seconde d'après.
J'ai peur que tu aies peur, que pour moi tu t'inquiètes, que tu me regardes différemment quand l'orage de mes larmes vient inonder le beau temps, j'ai peur que la tempête jamais ne passe même si je sais pertinemment qu'elle passera et que je m'évapore honteuse que tu m'aies vue, entière, dans tous mes états.
Je suis forte tu sais ? J'ai tant appris à me relever seule, tu peux dormir tranquille même si parfois tu entendras ton nom, tout bas, car dans un élan de vulnérabilité j'aurais besoin que tu vois que mon regard tremble et que ma peau a besoin de toi, la compressant, avec cet air qui souffle ta présence.
Des fois, j'aurais horreur de ta compassion, pas qu'elle soit mal placée, mais que j'aurais cette impression de te faire pitié, au contraire, d'autres fois, je la chercherai à chaque respiration pour ne pas perdre pieds et m'enfermer dans ce mutisme, désormais sourde à de quelconques consolations.
J'accepte que tu me vois avec mes hauts comme mes bas et je t'accompagnerais volontiers à travers les tiens. Je dormirai avec toi autant de fois que possible, autant qu'il le faudra, je m'assiérai près de toi sans dire un mot avec ma main posée sur toi, autant que tu le voudras, autant que tu me le permettras.
C'est lourd mais, à deux, on s'allège.

Personnage principal

Je me sens flotter et ancrée dans les caresses que
tes yeux laissent présager,
Je sens mon corps qui fond au contact du tien, je
sens mon esprit éparpillé auquel je crie de se
concentrer, à respirer avec toi, sans penser à
l'après, sans penser à l'avant.
Je sens l'instant présent quand ta main effleure ma
hanche,
Je sens l'apaisement qu'est de trouver ton regard
qui demande,
Ça va ? Et qui le pense, qui me panse quelque part
et engendre généralement ces mêmes mots à
l'affirmatif, même quand mes yeux disent le
contraire et que les tiens ont compris,
Ça ira.

Je te sens mais quand je te regarde, je ne te vois
pas. Qui es-tu ?

Je sens ta voix qui porte et qui parfois, murmure
des mots qu'on entend seulement dans les films au
cinéma.
Par moments, je te regarde et je souris en scrutant
ce personnage que tu t'es construit, qui te vas à
merveille, mais que j'ai peur de m'empêcher à te
voir un jour comme je te sens, car sur ton attirail
d'assemblages inimitables, il y a écrit « je suis sûr
de moi », mais tes yeux crient « je ne sais pas…»,
comme d'entre tes lèvres s'échappent souvent, tel
quel presque pour laisser s'exprimer les points de
suspension,
Et pourtant je sais, que la suite est :
«…à quel point je sers à ce monde, comme le

monde ne tournerait pas rond, sans mes chaussures
dépareillées et ma façon de rigoler, éparpillant de
belles ondes ».
Je sens tes actions, loin d'être effectuées dans
l'indifférence. Je t'espère empli d'assurance, qu'un
jour tes yeux cessent de douter, qu'à ton cœur, ton
âme et ton corps tu offres simultanément ta
reconnaissance,
Je te sens et je t'invite à reconnaître ton essence.

À tes côtés je me sens entourée de lumière,
J'espère pouvoir rester dans la danse,
Je te sens et,
un par un,
Tu fais vaciller tous mes sens.

Ta peau

Ta peau,
Collée à la mienne,
Non pas dans un élan passionnel,
Ta peau a dit à la mienne,
Reste là que je t'aime,
Que je t'aime comme on aime pour aucune raison,
Que je t'aime comme on n'aime pas réellement,
Que je t'aime comme on essaye,
Que je t'aime.
Ta peau a murmuré à la mienne,
Si tu pars c'est un sursis,
On se retrouvera, tu m'as dit.
On se retrouvera pour que tes lèvres effleurent mes bras,
Pour que mes lèvres effleurent tes doigts.
J'aime ta main qui se faufile sans malice, avec tendresse,
Avec je veux
Que tu sois
Ici
Contre moi
Ta peau tout près de la mienne qui te crie tout bas je t'aime.

Tes banalités

Je me souviens de tant de bouts de toi que je pense
pouvoir assumer que je te connais.
Je sais m'imaginer chaque parcelle de ton être,
toutes celles que je t'ai dit être magnifiques, mes
cuisses contre tes hanches, par dessus toi pour
mieux te contempler, et tout ça, je te supplie de me
croire, je le pense,

Que tes yeux me perdent et je me rappelle de la
palette de leurs nuances,

Que tes lèvres et leur rose m'arrachent à mes
songes, ou au contraire m'y plongent,

Que tes pommettes sont pour moi le refuge à ma
tendresse, le perchoir de mes lèvres qui viennent s'y
nicher, pour t'exprimer ô combien un sourire tu me
pousses à afficher,

Que ta barbe rousse, que j'ai vu pousser,
parfaitement épouse les couleurs de tes yeux, ravie
ton visage, le sillonne de boucles dans lesquelles
mes doigts passaient,

Que tes oreilles sublimées de ces bijoux auxquels tu
tiens tant, rosées peu importe la température
ambiante, défaillantes comme la plupart de tes
sens, me laissent étonnement le souvenir minutieux
de leurs reliefs, esquissés sur un pauvre petit bout
de papier,

Que tes épaules parsemées de taches et de grains
de beauté, ces constellations que ta peau entière a

dessiné, mes larmes ont absorbées, mon sourire ont connu de près,

Que chaque parcelle de ton corps physique sur le bout des doigts, et de leurs extrémités, je connais,
Que pour le reste, pour un temps, je me remémorerais,
Que le frisson qui parcourt mon corps, c'est toi qui l'a provoqué,
Que mes mots ne sont que des descriptions à ces sentiments que me font éprouver tes banalités,
Que je manque de ceux-ci pour te montrer,
Ô combien les détails qui te composent sont merveilleusement alignés.

Jardin secret

Notre jardin est coloré, tout à notre effigie.
Quand il est temps du printemps de nos nuits,
Nos baisers sont le terreaux aux fleurs de notre
amour,
Dans la pluie et le vent qui animent nos silences,
Les racines qui nous ancrent, puisent leur essence,
Sont nés, de nos jours, les pétales délicats qui, sous
le soleil de nos rires, gagnent leur éclat,
Au creux de ton cou dans un soupir, je nous revois
dans ce tendre baiser de janvier, plantant la
première graine de notre secret.

Sens la vie qui t'habite

Mon amour, j'ai tellement peur pour toi, J'aimerais
tant que tu vois le monde comme je le vois.

J'espère de tout cœur qu'un matin tu verras la brise
et sa douceur, qu'elle aura un impact sur le sort de
tes pleurs,

Que tu sentiras la beauté de la vie qui t'habites et
que tu partages avec la pluie, que tu partages avec
même la plus minuscule des fourmis,

Que tu comprendras comme la plus banale des
ruelles n'a rien à envier à une destination que tu
glorifies, qui n'a rien de pareil,

Que l'endroit compte peu finalement, que c'est toi
qui doit être ton cocon, que rien ne doit déroger au
pouvoir de ta compassion,

Et si tu te trompes de chemin, que tu te trompes de
train, j'espère que tu célébreras le fait d'être arrivé
là, que tu enlaceras un arbre et que tu feras grandir
en ton regard la petite étincelle d'espoir.

Dans tous nos états

Mon amour imaginaire,

Je m'évade en pensées pour me joindre à tes lèvres.

Mon amour bien réel,

Quand tes yeux aux airs de vacances croisent les miens, faits de terre ardente, je ne sais plus t'aborder,
Parfois je te maudis pour un simple déchet que tu laisses traîner et dans mon regard je ne sais plus que déverser la mine boudeuse d'une enfant contrariée,
Parfois je te porte cette envie de taquineries qui bientôt se transforment en chamailleries et je t'haine comme d'un amour fraternel où les tendresses se faufilent avec une once de fierté entre les mâchoires étriquées,
Parfois je me perds sur l'île déserte de tes iris, comblée, aimante et aimée.
Je t'aime en rêveuse, en blessée, en adulte pleine de mots trop compliqués qui se racolent à ta défensive criarde, je t'aime avec ces fichus plaies qui ne cessent de se remettre à saigner,
En vulnérable et apeurée, en colère quand je ne supporte plus aucun de tes faits et gestes, quand tes silences me malmènent, quand tes frustrations deviennent miennes.
Je t'aime en paix quand tu n'es qu'une image que je ne peux toucher, une marionnette que j'anime de mes souhaits, quand tu es hors de portée et que je ne peux te briser, quand je n'ai rien besoin de

cultiver, quand je fais de toi mon amour imaginaire,
Triste paix.
Je t'aime en éveillée quand tu es surprenant et
spontané, quand le contrôle ne se présente jamais.
Je t'aime en lâcher prise des variations de notre
jardin, des saisons qui l'affectent d'un cycle
vertueux, de la faune et la flore qui s'y sont
installées, de sa beauté, pour l'instant, toujours
renouvelée.
Je t'aime en peine, en haine
Je t'aime en joie, en moi
Je t'aime dans tous nos états
Je t'aime en preneuse de risques, en aventurière
Je t'aime en tempêtes ou en saisons sèches, en
forêt ou dans le sable mouillé,
Je t'aime avec les manches de mon pull
accidentellement humides, avec les bruits de ta
fourchette qui grince contre l'assiette,
Je t'aime.

Toi, Moi et Elle

Pourquoi ? Pourquoi ? Pourquoi ? Pourquoi ?
Pourquoi ? Pourquoi ? Pourquoi ? Pourquoi ?
Pourquoi ? Pourquoi ? Pourquoi ? Pourquoi ?
Pourquoi ? Pourquoi ? Pourquoi ? Pourquoi ?
Pourquoi ? Pourquoi ? Pourquoi ? Pourquoi ?
Pourquoi ?
« POURQUOI ? »

Douleur

Douleur, que tu t'acharnes à me tirer vers l'arrière, à me raccrocher à ces paroles que mon coeur heurtèrent.
Tu m'enlises dans les coulées de mes larmes passées, tu me pousses à faire couler celles que je n'ai pu exorciser.
Je pleure et je regrette presque d'avoir pardonné, je pleure et je me demande si même un jour j'ai reproché, je crois que je me suis écrasée, que je me suis laissée crouler sous la souffrance de l'ignorance que je portais.
Mon ventre a continué à crier comme, leurs mots, je n'avais jamais digéré mais mon esprit ne savait qu'ils avaient tort, je pensais que les gens criaient pour aimer.
Douleur, je commence à t'apprécier, je te préfères à ce goût de la culpabilité, je préfère te déguster plutôt que de vite t'engloutir au risque de m'étouffer.
Douleur, tu me restes difficile à avaler, ces relents, à cette heure, semblent me coucher, tu la réveilles, c'est elle que tu connais.

La peur

L'adversité des premières difficultés qui s'esquissent
aux creux de tes bras,
Les premiers pleurs,
Les premières rancœurs,
Les regards dans le vide,
Les grandes peurs.
Désormais c'est réel ce ne sont plus celles qui
étaient faufilées entre nous par le frisson,

C'est la peur d'une action qui se répète, la peur que
quelque part tu n'en vailles pas la peine même si
j'ose espérer que c'est faux, c'est la peur de ta main
qui ne passe plus sur ma joue, c'est la peur de
compter toutes les caresses, les attentions, c'est la
peur de devoir tourner les talons,

C'est la peur qu'une petite douleur que tu as
provoqué me pousse à te faire payer, c'est la peur
de la toxicité, la peur que s'éteigne la tendresse,
que s'annoncent les cris, qu'un jour leur ombre
s'abatte sur nos moments, que tout parte en vrille,
qu'on se déteste, que je ne sache pas te pardonner,
qu'elle ne sache pas te pardonner :
L'adolescente en colère qui désormais voudrait tout
rythmer.

Pourtant c'est doux, je peux baisser ma garde, je
peux te serrer fort, te dire que j'ai mal, mais
quelque part j'ai peur que tu partes, j'ai peur que tu
te dises que tu me fais du mal et que c'est
impardonnable, que tu me juges incapable de
savoir ce qui est bon pour moi, que tu me voles la

décision de me protéger, quand j'aurais lâché prise
que tu veuilles contrôler,

J'ai peur que tu m'infantilises et que je me sente
comme une gamine, que je te confonde avec mon
putain de père et que je te fasse payer sa
négligence, que je te confonde avec lui et que je
cherche à te rendre fier, que je confonde tes yeux
doux avec leurs yeux malsains, que mes actions je
mette en place pour trouver ton regard avant le
mien,

Que je finisse par haïr ta main sur mes seins,

Que je sois incapable d'aimer correctement, de ne
pas me braquer, que je sois terriblement terrifiée,
que je sois incapable de te partager tout mon
désarroi, que je t'en fasse part et que tu sois
effrayé par ce bout de moi.

Tu es parti

Le subtil vide qui m'emplît, face à la beauté pure,
l'essence de la vie.
J'aimerais être à côté de toi mais tu es parti,
Momentanément mais, j'aurais aimé, avec toi,
partager cet instant,
Que tu me regardes,
Que tu remarques comme dans ma tête il pleut,
Que tu me vois et que tu partages avec moi ce
terrible vide délicieux.
Étonnement, ma profonde tristesse est semblable à
la mer, l'océan et ses vagues,
C'est une paix tourmentée, un vide comblé, une
tempête qui cohabite avec une brise d'été.
C'est tes yeux pleins de tristesse et tes mots en
contraste, c'est les mots que tu ne dis pas et que
pourtant je capte, ce sont les opposés ressemblants
que j'embrasse, l'envie et le rejet qui se font face.

Rejet

Je t'ai dit « Rejoins moi. »
Tu m'as dit « Je ne peux pas, pas pour le moment. »
Il y a l'amertume du rejet qui s'installe sur mon palais,
L'acidité des beaux moments que j'ose à peine goûter,
Le sucre et le sel de ta peau qui par moment me distrait à la plaie ouverte, qu'involontairement, tu as tracée.
C'est tellement bon et à la fois j'en ai la nausée, je sais comme tu n'es pas capable, comme je ne le serai pas non plus, d'être sûr de vouloir de cette étreinte qui ne cesse plus,
Tu dois vivre, j'étais prête à te laisser partir et certainement que toujours je le suis et pourtant, je t'en veux de ne pas pouvoir, de ne pas vouloir déjà de cette vie à mes côtés, d'avoir besoin de toutes ces aventures, de ne pas être prêt.
Qu'elle est succulente cette avalanche de pensées contradictoires parfaitement alignées, mais, j'ai la nausée comme j'en suis écœurée,
Comme ce trop plein est trop peu,
Comme j'aimerais partir loin, t'effacer, et comme je suis tentée par cette voix dans ma tête d'incarner ce rôle de te détester.

Ici et maintenant

Je vois le gris du métal que j'aurais aimé surpasser,
le pont et le bruit de mes cris fatigués, le rouge de
mon sang qui venait à me manquer et puis tes mots
pour répondre à mes pensées torturées :
« - Je me bats mais où est-ce que tout cela mène ?
- Où tu vas n'est pas important, ce n'est pas le
dernier jour, quand tout sera soigné, quand tout
sera fini, qui compte,
C'est aujourd'hui, c'est demain, c'est ici et
maintenant. »
Je t'ai serré dans mes bras et voilà que tu m'avais
ramené dans le présent alors que dans le chaos de
mon esprit j'étais loin derrière et loin devant.

Elle

**Tais-toi Tais-toi Tais-toi Tais-toi
Tais-toi Tais-toi Tais-toi Tais-toi
Tais-toi Tais-toi Tais-toi Tais-toi
Tais-toi Tais-toi Tais-toi Tais-toi
Tais-toi Tais-toi Tais-toi Tais-toi
Tais-toi Tais-toi Tais-toi Tais-toi
Tais-toi Tais-toi Tais-toi Tais-toi
Tais-toi Tais-toi Tais-toi Tais-toi
Tais-toi Tais-toi Tais-toi Tais-toi
Tais-toi Tais-toi Tais-toi Tais-toi
Tais-toi Tais-toi Tais-toi Tais-toi
Tais-toi Tais-toi Tais-toi Tais-toi
« TAIS-TOI ! »**

Le rêve d'une fin

Le vent s'abat sur la gare, les oiseaux chantent et la
pollution de la ville danse.

Un pas, puis deux sur le quais en attendant de
passer la porte du wagon.

Une flamme, une cigarette.

Chaque miette se consume jusqu'à ce que les
dernières cendres s'écrasent sur le béton.

Un troisième pas précédant son entrée, un sourire
en coin,

Ses cheveux tombent peu à peu, attrapés du bout
de ses doigts, finissant dans sa paume de main.

Un soupir.

Le train démarre, voyage vers un espoir, vers
  Le réveil
  qui survient
  après le cauchemar.

Sa hâte est couverte d'appréhension mais le
soulagement pointe le bout de son nez.

Descente du train.

Le premier pas sur ce nouveau sol, un regard, un
sourire partagé, une joie infinie se dispersant.

Pas de danse et corps à corps se suivent, les aiguilles sautent de minute en heure à une vitesse inhabituelle, discrètement.

L'ennui a disparu et les maux se dispersent, c'est magnifique mais ce n'est pas suffisant.

Derniers pas sur le sol de cette gare.

Ses yeux scintillent,
Au bord
des larmes.

La chute.

Son dernier souffle résonne sur le quai.

Le réveil.

Violence

La tristesse traîne,
Poussiéreuse dans un coin de tiroir, fermé à clé,
Avec elle, elle fût enfermée,

Espace si petit, gagné pour se joindre à
l'indispensable sentiment,
Espace étroit, de plus spacieux, il n'y avait pas
malheureusement.

Quand la tristesse a trop traînée,
La routine barbante installée,

Est bien lointain maintenant,
Le confort rassurant,
Les murs, peu à peu, se resserrant.

Quand la tristesse ne peut plus traîner,
La colère pour faire tout exploser,

Les morceaux de bois séparés en cassures
irrégulières,
Il n'y aura plus jamais de retour en arrière,

Colère faisant virevolter les rouages de la serrure,
À coups de poings et de pieds dans la figure.

Violence découle de la claustrophobie des larmes,
Violence comme carburant,
Violence comme seule arme.

Je vous aime, tu sais ?

Est-ce qu'un jour elle s'en sortira, celle qui souffre à chaque pas, celle qui retombe entre chaque hauteur, dans les abysses de ses douleurs ? Elle n'y croit plus, le temps d'une nuit où il est 2h à chaque minute, elle sombre, ses souvenirs lui font de l'ombre, elle a la rancoeur envers ce monde qui gronde. Elle se sent désarmée. Elle est fatiguée. Elle a écrit au fin fond d'un carnet :
« Je vais aller acheter un paquet de clopes demain, je vais prendre une boîte de médicaments, ceux qui auront la plus grande probabilité de me tuer, je vais penser très fort à toi, à tous mes amis, je vous aime, tu sais ? »
Elle a tant écrit cette lettre, elle veut juste que ça s'arrête, qu'on lui coupe les poignets et qu'on lui enlève le sang qui coule dans ses veines, qu'elle n'ai plus à ressentir le poids de la peine.

Noir d'extase

Elle l'avale,
Des couleurs vives, pour animer le vide,
Puis du rouge sur du blanc.
La joie en cachet,
La joie qui vite se meurt,
La joie puis la chute qui est loin d'être cachée,
La joie et le désespoir dans un cycle destructeur,
Mais, le plus immédiat,
La joie.
L'autour devient trouble,
Les couleurs ne forment plus qu'une,
Noir d'extase.

Au-delà des pins

Roule entre les pins,
Cette voiture à la conductrice au regard incertain,
User de la pédale de frein ?
Ou omettre la vitesse et être emportée par la mort
à force de tonneaux dégringolants dans le ravin ?
Une pensée délirante,
L'adrénaline ambiante,
L'appel du lâcher prise et de l'abandon d'un
lendemain,
La mort se présente comme l'air frais au petit
matin,
L'hésitation n'a plus lieu d'être,
Elle n'a plus le temps de renoncer,
Son regard s'éteint,
Sublime film, poétique à souhait,
Sublime scène de fin.

Moi et Moi

Au centre de ton chaos interne, je t'attends. Peu importe quand tu voudras le regagner, jamais tu ne le trouveras absent. Ensemble on recollera les morceaux comme on l'a toujours fait. Je suis toi alors comment pourrais-je ne pas t'aimer ?

Je rêve de t'aimer

Je rêve de t'aimer,
Je te porterais, dessinant de nouvelles vergetures
sur le bas de mon ventre,
Dans le secret, loin des influences,
Ce serait
Toi
Moi
L'amour comme acolyte tout du long,
Les yeux rivés sur la beauté du monde,
Tu serais
Confiante
Aimante
Douce
Aimée
Artiste car ton premier sol serait couvert de toiles et
de bouts de papier,
Aventurière
Artiste car vivante pour de vrai.
Loin d'être abrutie par leurs histoires d'écoliers,
Ton école, mon coeur, serait le monde entier,
Les rencontres, les forêts, les essais, les réussites,
les échecs, la persévérance,
Les amours, les amis,
La misère aussi mais, avant tout,
L'espérance.
Jamais je ne ferais de toi le produit de mon égo, je
te ferais puiser dans mon cœur et dans le fond de
mes entrailles pour que tu rayonnes, jamais ternie
par les bagages que je porte,
Tu serais heureuse,
Malgré le monde qui brûlerait à notre porte.

Elle et moi

Je l'ai détestée mais elle n'est pas offensive,
Je l'ai charriée, insultée, persécutée avec presque
autant de sévérité que ceux qui l'ont créée,
Je l'ai laissée me faire du mal, m'engloutir jusqu'à
me faire sombrer,
Je l'ai fait taire,
Je l'ai occultée,
J'ai pensé que son existence n'était que nuisance à
ma tranquillité,

Puis la confusion m'a attrapée, elle est revenue en
force pour me secouer,
Après l'avoir pointée du doigt une fois de plus
comme accusée,

Je l'ai observée,
Je l'ai scrutée avec ma plus claire attention,
Je lui ai fait confiance le temps d'un instant,
Je lui ai promis de prendre les devants,
J'ai compris qu'elle n'était qu'un moyen de
transmission, qu'une voix torturée qui peut se
reposer maintenant,
Elle est fatiguée,
Elle a besoin de moi quand elle s'affole, quand elle
est terrifiée par l'insécurité qui la cogne,
Elle est en boule et crie la détresse dans un coin de
ma tête,
Elle n'a pas à grandir, c'est une enfant et elle a le
droit de le rester,
Je suis l'adulte qui se doit de la réconforter.

Je te crois

Tu pensais n'exister qu'à travers leurs regards, qu'à travers leurs baisers piquants de personnes qui savent très bien qui elles sont,
Elles.
Pas toi, non, pas une seconde tu ne savais encore la richesse de ce que tu représentais,
Pas une seconde.
Tu te donnais pour faire taire des pensées que tu ne savais contrôler, ni laisser exister. Tu offrais le contrôle pour te délaisser, le temps d'une nuit ou de quelques heures, du bruit de tes questions. Tu te disais qu'ils avaient raison, que tu étais grande, mature pour ton âge. Tout ce que tu entendais en réalité était « tu es magnifique ». Tu y trouvais la seule attention que tu pensais en être, manque de chance, tu ne savais pas ce qui était sain car tu n'avais rien connu qui le soit, rien que tu n'aies pas rejeté car inconnu, rien que tu n'aies pas détruit car inconnu. Maladresses te poursuivaient car aimer et partager n'est pas inné, quand tout le contraire t'as été inculqué. Tu rêvais de te sentir libre mais jamais seule car la solitude, pour toi, était gage d'abandon, tu voulais à tout prix vivre tout le contraire de ce que tu avais vécu enfant, un besoin tellement viscéral que tu ne remarquais pas que tu vivais pire encore. Tu n'étais pas enfin aimée, tu n'étais pas finalement comblée, tu étais abusée.

Je te crois, je me crois.

Le bourreau et la victime

Chère victimisation,
Reconnais comme tu tortures ceux qui tombent
dans ton jeu, comme tu places en bourreau d'autres
victimes encore.
Déculpabilise-moi mais ne me retiens pas.
Ton confort est palpable après un certain temps, on
se sent presque bien dans cette case et on
s'enfonce dedans.
Victimisation, tu nous éloignes du problème initial
ou nous l'indique selon d'où l'on regarde.
Ce n'est pas la cruauté humaine ou encore la
fatalité des êtres malins que nous sommes mais, le
déni ambiant de l'existence de chacun, de notre
système qui a fini par avoir raison de nous.
Tout ça ne plaît pas à mon égo non plus, il se sent
victime et je le crois bourreau alors je deviens le
bourreau qui le victimise, pourquoi ? Parce que je
me sens victime de sa victimisation, je l'accuse
donc pour me dépêtrer de ma propre sensation.
Le paradoxe s'illustre par une simple équation :
Le bourreau n'existe que si victime il y a, mais, bien
souvent, le bourreau fut lui-même victime avant
cela.
Le problème est multifactoriel, perception et
système se mêlent.

Je suis victime et je cesse de me demander
pourquoi moi, je répéterai jusqu'à ce que les choses
changent :
Plus jamais ça !

Corps

Chair enveloppe,
Tu me limites à contre-coeur.
Tu me tiens attachée au sol, je ne vois que ce que
mes globes oculaires reflètent d'un mécanisme dont
je ne comprends pas la complexité. Certains jours tu
me forces à rester statique, traduis ma peine en
douleur physique, d'autres tu vibres l'envie de
mouvement et je te couche dans une étrange
contradiction. Le miroir me montre tes contours
d'un point de vue plus extérieur, je te rejetais sur le
modèle d'autres uniques combinaisons de traits, je
ne comprends plus pourquoi je voulais te changer.
Cela m'arrive de vouloir te quitter, ma croyance
qu'un bout de moi restera, même en dehors de toi,
me rassure dans le côté temporaire de notre
cohabitation et me retient de sauter mais, me fait
également de l'œil de l'autre côté. Ne te détrompe
pas, j'aime vivre à travers toi, simplement parfois il
est dur d'exister :
Quand des mains qui ne sont pas les tiennes te
touchent sans mon accord, quand je suis témoin de
la violence à tes abords. Quand tu me donnes
l'illusion de la séparation, que tu es synonyme
d'isolation. Quand je ne me reconnais pas dans tes
seins, que je pense à l'opération. Quand je ne vois
pas plus loin que le bout de ton nez, que je suis
aveugle aux reflets.
Je crois que je t'ai choisi et que toi aussi tu me

parles, je tâcherais de plus assidûment t'écouter.

Maison 1

Quel genre d'amoureuse je suis ?

J'ai passé 17 ans à essayer de me cramponner à toutes les formes d'amour de moi que l'extérieur pouvait me renvoyer. J'ai toujours été perdue, perchée sur des nuages de pensées, des trains futuristes, un cerveau presque robotisé. Vous l'aurez compris, je ne me suis jamais sentie vraiment ici, du moins, pas souvent. Enfaite je ne me suis sentie ici que quelques fois au cours de mon adolescence, celle qui remue tout, où on expérimente tout plein de premières fois :

Dans des bras.

J'ai cherché la fusion, je me suis cherchée moi et parfois, encore maintenant, je me perds et je me cherche, dans les yeux d'un amant. Peut-être que cette composante d'individualité ne m'a pas été attribuée à l'âge où elle est donnée à tous, peut-être que c'est son excès qui me perd, me voir moi toujours dans les regards de ceux qui m'entourent. Je me suis sentie longtemps comme une funambule, en recherche permanente de son centre de gravité, j'ai cherché à me trouver une sécurité. La sécurité peu importe le reste, celle qui est au creux de ton ventre, ton cœur, ton corps. Je pense que c'est mes parents qui auraient dû me l'apprendre, la pointer du doigt mais, je pense aussi qu'eux-mêmes ne la connaissaient pas. Mon premier miroir était couvert de poussière de confusion, de tristesse enfouie profond. Mon premier miroir était absent. J'étais condamnée à regarder dans moi, sans trouver quoique ce soit qui mérite de la part de ma mère un regard chaleureux.

Je n'ai jamais réussi à lire l'amour sur son visage. Je crois qu'elle ne m'aime pas. Elle n'était pas là. Elle m'a giflé une seule fois avant de se mettre à pleurer. Je la voulais auprès de moi ma maman, j'avais terriblement peur de la séparation, au point de l'empêcher d'assister à un enterrement. Si elle lisait ça, je sais exactement quel regard elle aurait, quel masque elle revêtirait et ce visage, je le hais. C'est l'expression qui crie « tu me fais pitié alors je vais te consoler », jamais celle qui soupire « j'ai fauté ». Sous toutes les couches, il y a une enfant qui ne sait plus vraiment qui elle est alors elle ne regarde pas les autres, il n'y a que des reflets abstraits. En fait, ma mère m'a transmis sa maladie, celle du soi trop petit, trop grand aussi. Ce n'est peut-être pas pour rien que son nœud nord et son nœud sud sont les mêmes que les miens, ou plutôt que les miens sont les mêmes que les siens. Je suppose que je viens l'aider à tendre vers ça, ou qu'elle m'aide au contraire ou également à atteindre cet objectif que mon âme a choisi pour cette vie. La maison 7, celle du mariage, des unions, des partenariats, de l'amour. L'ouverture aux autres, la suite logique quand notre bagage est le soi, la maison 1. Elle et moi on se ressemble sur ce point, sauf qu'elle court s'abriter alors que je danse lorsqu'il pleut.
Alors, quel genre d'amoureuse je suis quand je ne me cherche pas moi dans leurs yeux ?

Retour au présent

17 ans, le même corps mais, il a grandi, le même cerveau mais, plus apaisé, la même âme qui, je suppose, n'a pas bougé. La terre est sous mes pieds, ou en dessus également si je leur creuse des terriers.
La planète tourne toujours, cela n'a pas changé, mais le reste, tout ce qui n'est pas de l'ordre du gigantesque a changé,
Évolué,
Disparu de la surface et revenu à la terre.
Le mouvement est perpétuel et la mort nourrit la vie.
Nous serons le terreau pour tout un réseau souterrain une fois fanés, servant encore le cycle infini.
17 ans que je suis en vie, l'enfance est finie, n'a jamais vraiment été, pas comme elle devait.
17 ans que j'ai un arbre dans ma tête qui ne cesse de pousser en guise de support au lierre de mes pensées. Je pourrais mourir d'avoir parlé de trop en monologue, j'en oublie de boire, je m'en affame tant je suis transportée par les mots des fois. J'ai appris à me taire, c'est courant que les gens dégagent le genre d'aura de mécontentement aux longues conversations qui me mettent un index devant la bouche alors, me voilà à nouveau être cette petite fille à qui on dit « Chut ! ».
J'ai un puits interne qui est plein, je l'ai empli d'espérance,
C'est une fleur qui est née, c'est l'amour qui me l'a dit durant une de nos danses.
Tout ça a du sens, même ce qui me brise et me

brisait, les pertes quand je m'accrochais, mon flux de pensées… Je suis là. Je respire. Je suis en vie. Si j'ai survécu pendant tout ce temps, je pense pouvoir vivre sans crainte, accompagnée plus que jamais de moi et mon reflet, avec conviction qu'ici-bas je suis ma plus grande bénédiction, tant que la terre ne me recouvre pas entièrement. J'inspire profondément, retour au présent.

Infinité de portes

Il y a une infinité de portes.
Tu peux attendre devant celles qui sont
entrouvertes ou passer par celles qui t'accueilleront
à bras ouverts et faire le deuil des premières.
Quand tu as attendu, maintes et maintes fois sans
succès, tu t'es torturée à coup de « La porte était
entrouverte, le entr- n'était-il pas une invitation ? ».
Confusion. C'était familier mais t'empêchais d'aller
de l'avant. Tu marchais presque à reculons,
espérant, qu'un jour tu trouves celui qui te bernerait
jusqu'au changement

Lui et Moi

Personne ne peut la faire taire à part moi, pas même toi. L'adolescente que je pensais grandie et devenue l'adulte qui te cajolais, me prie de m'éloigner de toi. J'ai tant eu l'impression d'être ligotée à un tuteur pour pousser bien droit, je pousse peut-être tordue mais je pousse comme moi.

Amas de papier

Il m'a dit que j'étais un mystère, je suis pourtant un livre, je ne suis en revanche pas du genre à être grand ouvert, certes, plutôt de ceux qui sont aux extrémités de l'étagère avec beaucoup de pages mais, un titre aguicheur pour les plus téméraires. Je ne sais pas pourquoi mais, il a arrêté de me lire en plein milieu de l'intrigue, il m'a ensuite posé et a décrété que j'étais son ouvrage préféré. Peut-être a-t-il peur que la suite ne soit pas aussi enchantée, comme quand j'ai mis en pause ma lecture de ce bouquin qu'il m'a un jour donné. Peut-être s'est-il rendu compte à son tour qu'il n'était simplement pas prêt à l'intégrer. Il n'a qu'à tourner les pages et le secret lui sera dévoilé mais, s'il ne souhaite plus s'y attarder, je serai en paix, au moins dans cette image où je ne suis qu'un amas de papier.

Coupe-faim

J'ai attendu que tu m'aides à cuisiner,
Ce n'est pas dans tes habitudes, par confort tu
préfères aller au restaurant, quitte à manger ce qui
n'est, pour toi, des plus ragoûtants,
Tu me disais que tu voulais essayer mais,
Tu ne m'as pas demandé pourquoi cela m'était si
important,
Tu t'es rarement mis à participer,
Quand parfois tu l'as fait,
Bien souvent traitant cela comme une corvée,
Ignorant la cohésion d'équipe finalement trouvée,
Quand le repas fût malgré tout un succès,
Épuisé d'avoir cuisiné,
Occupé à scruter la vaisselle sale,
Sans pour autant te mettre à la laver,
Tu quittais la table.
Jamais tu n'as saisi que ma minutie quant à la
qualité du plat n'était que l'objet de l'espoir qu'à
défaut d'avoir pris plaisir à collaborer, tu resterais,
au moins, dîner avec moi.
La faim coupée, je délaissais mes assiettes et
perdais du poids.

Le poids de notre toi et moi

C'est lourd et maintenant on se pèse.
On s'allégeait à coups de couteau dans nos vieilles blessures que l'on prenait le temps de soigner après mais, dans ce processus, d'autres plaies se sont tracées. D'autres que je l'ai supplié de soigner avec moi en tant que bourreau et sauveur à la fois, parce qu'amoureux mais incapable de voir ses impacts et ses dégâts. On s'allège, je disais, mais j'ai le poids de tout son navire chavirant à bout de bras, et le mien sombre tant je suis à bout de force, tant je me suis laissée entraîner au sein de ce triangle des Bermudes aux eaux turquoises, comme celles que je rêvais, magnifiques mais destructrices, peut-être maintenant je puis nager ?
Nous me sommes devenus lourds et, seule, je m'allège.

J'ai tout fait

J'ai dit que je ferai tout pour toujours te retrouver,
J'ai tout fait,
J'étouffais de ta présence coincée entre quatre mur
de béton pur,
Froid,
Tes bras feu de camp,
Tempête de neige à présent,
J'ai constaté notre fin avec effroi.

Désillusion

Alors voilà, cela se termine ici, notre ère s'achève en
ce jour à la fois orageux et ensoleillé.
Tu n'es plus le seul amour dont je veux rêver.
Je pensais que la tempête nous emporterait mais
ce fût une douce pluie, jolie,
Comme le nous auquel je croyais.
C'est fini, depuis quelques temps la tête résiste
mais, le cœur a compris.
Les pleurs dans l'odeur de ton cou, le sel doux de
mes larmes qui dégoulinent jusqu'à atteindre ma
bouche, tel était l'ampleur du déchirement, de la
bénédiction aussi qu'était d'encore te serrer.
C'est fini, je crois, j'implore et je redoute,
L'envol
Le grand départ loin de toi
Plier bagages
Rêver mieux
Vider ce sac une nouvelle fois…
Malgré qu'il ne me pèse plus autant,
Accepter les regards qui me scruteront autrement,
Les oreilles moins roses qui se tendront,
Les mains plus passionnées qui me toucheront,
La perçue et démontrée attention.
Désillusion, pourtant je pense que je t'ai bel et bien
vu, ce n'est pas toi que j'ai embaumé de mes désirs
en déguisement.
Désillusion, c'est ta manière d'aimer les gens, tu les
aimes en images que tu ne peux toucher, tu
occultes l'amour qui se traduit en actions, tu n'as
d'accès qu'à celui qui n'existe qu'en sensations.
Désillusion, pourtant, passé un temps, tu m'aimais
visiblement.

Désillusion, je pensais que, les tendresses, jamais ne cesseraient.

Désillusion, la première fois, je n'avais pas imaginé les longs silences ni les manques de respect.

Désillusion, je me pose la question, m'as-tu un jour réellement considérée ?

Certes, tu m'as aimée, je ne saurais en douter mais, m'as-tu respectée ?

M'as-tu soutenue dans ce qui me tient à cœur ?

T'es-tu intéressé à la personne que je suis au fond ou pensais-tu que mon être au complet s'en tenait à ce que je te partageais de manière spontanée ?

Tu as aimé la façade, mais qu'en était-il de ces choses qui me sont dur à prononcer, de ces habitudes douteuses que j'ai, de mes irrégularités ?

Quand t'es-tu mis à creuser ?

Tu as peut-être vu mes blessures mais, quand m'as-tu demandé, autrement qu'en les réouvrant, de te les dévoiler ?

Quand m'as-tu présenté l'espace où tu chéris cette intimité si, hors de ma vue, il existait ?

La raison de la rhétorique de ces questions est que la colère a déduit leurs réponses de tes actions.

Me voilà, à me demander, « Qu'a-t'il fait ? » au lieu de « Pourquoi l'a-t'il fait ? », cessant d'essayer de trouver des raisons à ce qui, tel quel, m'est déjà suffisant pour ne plus rester.

Je sais que c'est moi qui ai permis à la douleur de rentrer, à vrai dire je la croyais nécessaire, je n'ai pas osé rêver plus grand, je me suis laissée convaincre par des projections.

Puis-je vraiment t'accuser d'avoir failli à mettre en scène mon illusion quand c'est moi qui ai fait taire ma raison ?

Colère

Je suis en colère et je n'hésiterai pas à l'utiliser
comme arme, je ne serai pas celle qui a lancé le
combat.
Tu m'as écrasée par ta position victimaire :
« Je suis frustré alors je te terrasse.
Je vais mal alors je te tourmente de mes angoisses.
Je te tais de mes silences face aux répercussions de
mes actes. »
Je suis restée si longtemps à ton chevet de petit
enfant, à te consoler de m'avoir croquée de toutes
tes dents. Maintenant je vois comme tu étais grand
quand tu éteignais la lumière de mes passions,
broyais le semblant d'affection que tu me servais
par miettes après une fin, en guise d'autre
commencement.
Je suis en colère et mon arme n'est qu'un miroir de
toi, reluque-toi dans les pires de tes états. Si elle
existe, ta culpabilité suffira.
Si j'essayais vraiment de te punir, je me punirais
moi.

Tristesse silence

Je n'ai pas de mot pour dire la tristesse mais la tristesse a ses maux comme l'internationalisation et la bataille de l'égo. Je sais conter ma colère, ma désillusion et ma déception mais, je ne peux parler de ma tristesse qu'en décrivant son unique expression :
Une pression s'installe dans le fond de mon crâne, mon visage se crispe. Du coin de mes yeux s'écoulent des gouttes translucides. Mon cœur est embaumé d'un je ne sais quoi qui le protège durant la purgation. Mes paupières se font volumineuses et j'ai dépensé mon hydratation. Me voilà plus légère, les lèvres salées, l'apaisement après l'agitation car elle fût évacuée.
J'ai désormais un mot auquel l'associer et je peux la situer :
Quand le lâcher prise est atteint et que le calme se fait.
La tristesse est silence.

Résignation

Tu es comme moi, parfaitement imparfait, portant les failles de notre humanité.
Je te pardonne, non pas pour t'alléger ni te peser, pour moi et ma tranquillité.
Je te pardonne de ton ignorance face à la manière dont j'aurais voulu être aimée, de ton incapacité, même en connaissance, à t'y atteler.
Je te pardonne de tes stratégies inadaptées à te défendre contre une offensive que je ne te menais.
Je te pardonne des cris que pourtant je ne méritais.
Je te pardonne d'être resté, d'avoir essayé, de tes erreurs à notre amour mais réussites à nos avancées.
Je te pardonne de mes rêves dissipés.
Je te pardonne et je me résigne à accepter.

Acceptation

Merci d'avoir respecté le contrat, d'avoir appris en symbiose avec moi. Je ne me sentais pas authentique à tes côtés et c'est la colère contre toi, en miroir de mes blessures, qui m'a poussée à m'installer dans mon cœur et à rarement le quitter. Le deuil me balade, je t'en veux puis je te remercie mais, je sais comme chaque émotion qui me traverse m'indique le chemin à suivre. Toute notre histoire me paraît décousue, entre les douleurs et les messages de l'Univers qui réchauffent mon cœur, disposés dans les recoins, là où je les retrouve et les retrouverai encore.
Avant toi j'étais désorientée, déterminée à me réaliser.
Après toi je me réalise enfin, j'ai cru en nous pour me libérer des dernières chaînes qui me lacéraient.
Je pardonne celle que j'étais d'être restée.

Traité de paix

Aujourd'hui on a parlé.
Je vois que tu as compris beaucoup de ce que je
t'ai dit :
« Sens la vie ».
On s'est mis d'accord de ne pas être d'accord mais
les faits sont établis. On a signé le traité de paix, à
deux, mettant fin à une guerre invisible. Je n'ai plus
aucune envie d'intervenir dans ta vie, de faire à ta
place, de projeter mes propres envies.
Je ne suis pas d'accord avec toi et inversement,
notre zone d'entente est fine mais enfin se
concrétise le gris. Enfin les nuances peuvent
prendre toute leur place sans nier les
contradictions. Enfin je ne me plie plus à ta position.
En accord avec moi, avec toi et tout ce qui nous
divise mais nous réunit. Je suis cette fois satisfaite
de comment ça se finit, de comment ça commence
aussi.

Je pense à toi

Je n'arrive pas à me rendormir, je n'ai pas eu assez de sommeil mais, ce matin, c'est la boule au ventre qui me réveille.

Quand j'ai la boule au ventre je pense à toi, je ne sais pas si c'est toi encore qui t'accroche aux parois de mon estomac, mais c'est ton image et ta voix qui remplissent les espaces entre son objet et l'angoisse. L'angoisse est comme toi, proche, tapie dans le noir, que je ne soupçonne pas, qui m'assomme, que je regarde, que je ne comprends pas. Certains matins je me réveille encore en pensant à toi, tu n'as pas laissé qu'une image en réalité mais, une multitude de réseaux internes, de câblages de l'esprit, tu es dans des odeurs, des goûts, des mots, des gestes, des rires, des yeux, des corps et je ne saurais tout dire. Des fois je te retiens, durant quelques minutes, le temps de tirer de la moi du passé quelques mots justes. Certains matins je me réveille sans penser à toi, des journées entières s'achèvent sans que je ne croise d'odeurs, de goûts, de gestes, de rires, d'yeux ni de corps qui me ramènent à toi, bien souvent les mots me trahissent, volatiles comme ils sont mais, si je n'attrape pas la pensée tu n'es pas ici, juste une esquisse à demi. Un jour on oublie de ressasser, les souvenirs sont là mais les émotions en sont coupées. Avant de te ranger dans une bibliothèque d'ouvrages presque usagés, peut-être qu'en te croisant dans les couloirs de mes pensées j'invoquerai la douceur et je sourirais. Pour l'instant je déguste les miettes restantes, d'une danse aux murmures de douleur et aux coups de poings dans

le ventre. À vrai dire, tu n'étais pas un modèle de bienséance en matière de me faire me sentir bien au sein de ton antre. La douceur était dans mes yeux qui coloraient mine de rien ta noirceur, la douleur à l'horizon, au-delà des peurs. Tu n'avais rien de moi, je n'avais rien de toi, nous n'étions que des projecteurs.
Les connexions neuronales ont-elles décidé de leur trajectoire avant ou après nos déboires ?
Je pense à toi à chaque fois que je sais qu'il va pleuvoir.

Nous

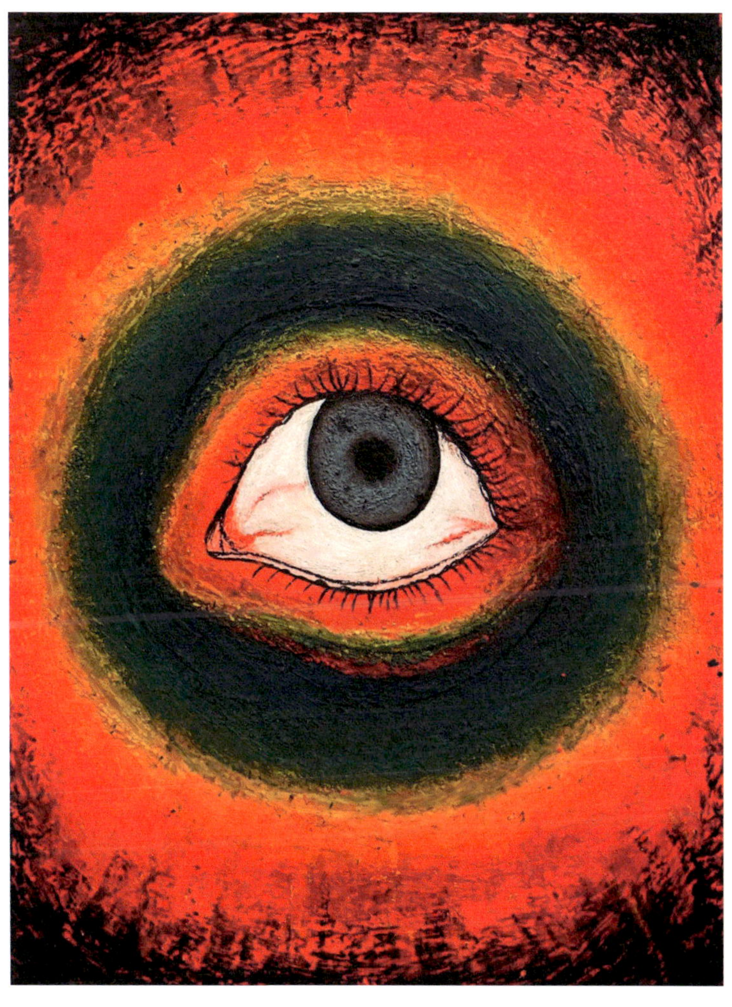

C'est juste du lien, juste du lien. Rien n'est loin. Tout est un. Tout est rien. Tout est moi. Je suis tout. Je suis un. Je suis rien. Rien est un. Je ne suis rien qu'un tout. Je suis vous. Tu es moi. Je suis toi. C'est juste du lien, juste du lien entre toi, moi et l'univers tout entier. Le un renferme toutes les possibilités.
C'est.

Notes d'été

Début d'été au temps pluvieux,
La pluie comme renouveau,
Sur la douceur spiritualisée,
L'harmonie que sont les notes,
Voyage sur une vague et sa fatalité acceptée.

Cyclone

La nature se déchaîne, crache de son vent toute sa haine.
Qu'elle est belle.
« Le vent agite, la pluie purifie, cycle à choix multiples, subir, lutter ou se laisser porter ? », et parfois le souffle accompagne les gouttelettes dans une danse simultanée.
Catastrophe naturelle qui ressemble à un miracle, un œil se forme au centre des bourrasques.
Le calme et la tempête visiblement cyclique, cyclone qui passe sur nos vies, en emporte certaines, fait un peu de tri, tragédie mais que je sais être parfaitement écrite.

Toutes les existences

Je rumine sur ces putains de chansons à
l'amertume des beaux moments.
Je ne sais plus comment aimer, comment ne pas
tout plaquer tout en rêvant d'une romance qui
envoie tout valser.
Je veux l'aisance des mots justes, la passion aussi,
l'écume des attentes du monde qui nous
tourmentent.
Je veux les pieds dans le sable, les regards
profonds qui transpercent l'âme, la fusion mais la
liberté, je ne veux pas la prison mais je veux me
sentir comblée.
Je veux la fluidité, la permanence de l'objet, de mon
cœur qui palpite à leurs côtés.
Je veux garder la distance mais, je veux la
proximité, je veux la douceur et la tendresse,
l'amour et la paresse.
Je veux l'équilibre entre tous les aspects de mes
envies.
Je veux impacter le monde mais créer le mien, je
veux un torse plat mais aussi des seins, je veux
aimer fort mais ne pas m'occulter, je veux faire
l'amour et baiser,
Je veux écrire,
Peindre,
Chanter,
Pleurer,
Rire,
Danser.
Je veux le deuil amoureux mais aussi l'excitation du
début, je veux une histoire paisible qui dure, je veux
tout en même temps et c'est ça qui est dur.

Je veux me tailler les veines et être sobre de la
lame, je veux être une droguée et ne plus rien
toucher, je veux boire à en embrasser toute la foule,
arrêter de boire et sortir du moule.
Je veux être riche, vivre sans argent, aimer les filles
et les garçons, me marier, avoir des enfants,
n'appartenir à personne, enchaîner les amours qui
ne durent qu'un temps.
Je veux vivre toutes les existences simultanément,
tous les sentiments.
Je veux tout et son contraire, me déconstruire, me
reconstruire, je veux habiter dans toutes les villes
que le monde a à offrir.
Je veux la stabilité mais, le chaos aussi, je ne sais
plus ce que mon âme est venue chercher ici.

Passager clandestin

Parfois j'ai l'impression d'être montée dans le bon train, puis vient le moment où je me sens comme un passager clandestin. C'est le rappel qui sonne dans mon ventre :
« Tu t'arrêtes avant le terminus, la destination finale est encore loin, encore à quelques trains. »
Je veux toutes les existences et je crois bien que malgré moi, l'itinéraire que je choisis toujours est celui qui se rapproche le plus de ça. Je pourrais rester au même endroit, réparer encore et encore les fissures de l'usure, embellir avec le temps de déjà jolis murs, apprendre à m'installer un peu plus, montrer pleinement la résilience qu'il faut pour, sans arrêt, reconstruire. Peut-être qu'un jour, je me déciderai à faire ça, pour l'instant je vis d'harmonies éphémères avec des inconnus dont on ne connaît qu'un bout tout petit. Il y en a qui restent plus longtemps que les autres mais on ne les connaît vraiment qu'à travers nos yeux, on est résilient mais on ne reste jamais au même endroit, jamais dans le même cadre. Je m'installe mais, je fais vite mes bagages :
On n'est pas à un détour près et mon ventre me parle.
Il n'y a pas de détour, en réalité, c'est le chemin qui prend des formes plus farfelues, avec son lot d'expériences, d'actions, de conséquences mais,

quand on a l'impression d'être obligés de foncer droit dans le mur pour avancer, il est bien de se rappeler que ce qui se ressent comme un détour peut être le chemin à emprunter.

Dans le gigantesque jeu en miroir de mes pensées, je n'ai plus envie de voir les schémas se répéter, ni les peurs ni les désirs refoulés. Je vais où je ressens ma tranquillité, il n'y a plus de tests qui tiennent, de « je dois faire », je fais si je sens que je suis en paix. Je lâche du leste en émotions malvenues juste avant de prendre la route, je crois entendre :

« - Tu fuis, venant d'un coin de ma tête.

- Je lui réponds, qui t'as appris que la fuite méritait le jugement ?

- Je ne juge pas, je constate, dit la voix l'air ricanant.

- Ne vois-tu pas comme les montagnes russes commencent à se faire sentir ? Je connais cette sensation et toi aussi, pour une fois je pense à nous offrir une suite moins agitée, avec des airs de nouveauté. J'ai appris que là où il y a des sensations familières il n'y a pas forcément le confort, et si il y est, il est dans l'instabilité qu'on connaît trop à tort. »

Je sais, c'est paradoxal, le mouvement pour contrer l'instabilité mais imaginez habiter un château de sable ou de cartes, vous pourriez y rester peut-être quelques secondes mais comme, vous aussi, vous bougez, un faux mouvement et le château s'effondre, il ne reste plus que vous et les décombres. Quand je passe de train en train, de ville en ville, et qu'avec le mouvement de la vie je m'aligne, je connais sur mon trajet bien des morts et des naissances mais, jamais je ne me retrouve coincée sous les décombres. Je suis un passager clandestin, j'arrive toujours à me faufiler dans un nouveau train, d'une existence sans limite, je suis le témoin.

Trou de ver

C'est marrant, les relations, la place que ça prend.
Je me sens submergée par une vague de
sentiments parce qu'un visage m'a interpellée
pendant quelques instants.
On s'en remet à la vie pour croiser par hasard l'être
aimé.
Il y a des âmes qui m'attirent plus que d'autres
mais comment faire si je les aimes toutes ?
Je les aimes toutes mais, lorsque je m'en approche,
mon cœur palpite et je disparais sous une
montagne d'avenirs imaginés.
J'ai l'impression de voyager quand je touche une
main, dans les désirs des autres, leurs futurs
quotidiens.
Je me suis vue être femme au foyer et porter les
enfants de celui qui m'a un jour dit qu'il aurait
plaqué ses études, pour travailler, si était arrivé un
accident, je me suis vue moi dans une histoire qui
ne me concernait aucunement, je me vois à chaque
fois que je les vois aimer tangiblement.
Je m'espère moi, dans le rôle de celle qui les ferait
rêver concrètement, mais quand j'y suis, que c'est
moi au premier plan, je passe mon temps à essayer
de canaliser mes aspirations, tempérer mes
sentiments et le miroir me montre que ce n'est pas
moi qu'on attend.

Je crois que je rêve l'amour tellement que, quand il m'approche je compte mes doigts, essaye de lire l'heure et me pince puis, quand je réalise qu'il est réellement là, je dis « Et puis quoi ? ».
Ensuite j'essaye d'y répondre, je prends des scénarios qui au final ne collent pas, je compare mes idées avec ce que j'ai devant moi,
 Je trifouille mon cerveau,
 Mon cœur
 Et sollicite ma raison,
 Je me réveille,
 J'ai rêvé,
 J'ai loupé le moment.
Quand j'aime je me sens lourde, je suis ici et un peu trop maintenant, alors je m'évade pour chercher un nouvel instant.
J'aime rêver, un peu trop, alors je sabote mes relations, pour rêver d'un monde où j'aimerais différemment.
J'aime l'idée d'aimer mais quand j'aime j'ai hâte que ça cesse, j'ai pensé que j'aimais aimer mais je pense en fait que je préfère rêver.
Je crois que je fuis souvent ma réalité, mais quand elle m'est futile je la laisse pleinement me posséder.
 Aimer n'est pas censé être égal à flotter ?
Il y a bien des gens avec qui une bulle se crée, avec qui je m'envole au-delà du temps, est-ce l'amour que je fuis ou bien l'espace-temps ?
Si je me sens lourde c'est peut-être que je suis emmenée doucement, loin de mes rêves, coupée de mon petit enfant.

Lui il flotte, c'est comme ça qu'il s'est construit, il me chuchote à l'oreille qu'un jour il s'est promis, de ne jamais aimer comme le font les grands, de ne jamais lâcher ses rêves d'évasion.

C'est marrant, les relations, la place que ça prend, comme un trou de ver qui pourrait déformer l'espace-temps.

Si je me sens ancrée dans une mécanique à laquelle je ne veux pas me plier, qu'on m'a fait croire que souffrir était le prix à payer, je pense que j'aime l'amour que je peux vivre et rêver simultanément, que mon amour n'a rien à voir avec cet alourdissement.

En conclusion, mon amour, je le conte en moment suspendu, où les chiffres se perdent, où l'on ne s'y pince ni n'y compte plus.

L'amour sans condition

C'est l'amour qui reste.
C'est l'amour qui reste même quand tu ne me donnes que ce visage fermé, quand tu t'en vas et que je pleure sur l'oreiller. C'est l'amour qui reste même quand tu ne me choisis pas, l'amour qui ne punit pas. C'est l'amour que nos parents ne connaissent pas, celui qui enveloppe même quand tu es loin de moi. Perchée sur ma branche, toi sur la tienne, je garde le fil qui dit je t'aime. C'est l'enveloppe protectrice descendant du haut de leurs têtes, englobant l'entièreté de leurs silhouettes. Quand je me fais gardienne de leurs libertés, non pas intruse à la force de mon ego en prise à une seule image, bloqué, la plénitude terrasse les blessures qui restaient entre les dents, les différents s'écartent un instant, laissant place au souffle bienveillant. L'énergie de vie est à son apogée, l'amour prône sur tous les souhaits. C'est la conjonction des lignes de nos parcours ici, après les parallèles et les croisements que l'on nie,
Je te suis et tu me suis
Il n'y a plus de
Tu me fuis
Il y a enfaite tout un monde après minuit
Je te tire
Tu m'enlaces
L'équilibre d'une nuit

Connexion merveilleusement infinie.

C'est l'amour qui me fait m'aimer plus encore car, je t'aime tellement que j'ai compris que je dois m'aimer moi pour t'aimer correctement.

L'amour sans condition.

L'amour de loin.

L'amour de près.

L'amour qui vous garde toujours à mes côtés, même quand il est l'heure pour moi de vous quitter.

Il reste quand je pars, je vous jette un dernier regard, de mes larmes à cet instant je ferai un étendard.

À bientôt

J'ai senti son âme et la mienne danser, on ne se connaît pas et pourtant on se reconnaît.
C'est un souffle d'une vie passée, une certitude de s'être accompagnés. J'ai vu un autre visage déformer ses traits, il m'était étrangement familier. Dans notre câlin, synonyme de fin à notre balade en forêt, s'est profilé en moi une place qui lui ai dédiée. Alors, dans cette vie ou dans une autre nous nous reverrons mais, pas tout de suite, pas encore, mon âme attendra de nouveau la sienne patiemment.
Viendra, un jour, notre alignement.
À bientôt.

Lettre à un vieil amant

Je t'écris ce soir une lettre que tu ne recevras jamais.

Le souvenir de nous est et restera un de ceux qui sont gravés au plus profond de mon cœur, là où rien ne peut les atteindre.

Il est au delà des frontières de tout ce que j'aurais pu imaginer être la tendresse,

la vraie.

Passé un temps, tu venais égayer le bout de mes journées, puis simplement la fin du mois et finalement, de tes nouvelles, je n'avais plus qu'à la nouvelle année.

Ce 1er janvier je ne t'ai pas écrit, ni en tutoiement ni en vouvoiement, je me suis abstenue d'encore te souhaiter une année riche en bonheur que tu mérites tant et ai gardé mystère la réponse à « Comment vas-tu ? »

J'ose espérer qu'encore tu m'aurais répondu, qu'encore mieux tu vas depuis la dernière fois, mais je sais que ça ira, tu le sais aussi, et mes mots n'auraient plus eu la même saveur qu'autrefois. Je suis sereine et tu restes quelque part près de moi, quand j'entends une de ces mélodies qui me ramène à Martigues, qui m'invite à aller repêcher ton sourire qui m'attend bien sagement en souvenir. Aujourd'hui je n'ai plus que ces images en chansons et cet amas de sensations.

Maison 7

L'amour a l'air de s'en être allé, ou alors c'est
peut-être l'insécurité, le manque et les désirs qui se
sont fait la malle. Ma maman m'aime, si elle n'était
pas là pour moi, c'est parce qu'elle n'était pas là
pour elle. Si elle n'était pas là pour moi, c'est qu'elle
voulait bien faire, jusqu'à faire tout le contraire. Si
elle n'était pas là pour moi, c'est parce qu'elle
essayait tant bien que mal de ne pas quitter cette
terre. Si elle ne dit rien, souvent, c'est parce qu'elle
a peur que je ne l'accepte pas, que ce soit trop tard,
que je ne l'apprécie pas. Le vide a l'air de s'en être
allé, ma maman m'a dit qu'elle m'aime, pour la
première fois je l'ai cru, alors je crois que dans les
yeux d'un quelconque amant je ne me cherche plus.

La présence

Je lui ai laissé à lui mes cheveux naturels mais, peu à peu je les regagne, à elle mon blond platine et mes cheveux de paille. Je lui ai laissé mes lunettes tordues, mes crises d'angoisse, ma phase d'introspection, l'abandon de ma mère qui coulait sur mes joues. Je lui ai laissé le monde spirituel où je ne suis qu'une âme, mes questionnements sur l'invisible des calanques à la plage. J'ai éparpillé des bouts de moi, je les ai confiés à qui les voulait bien et certains m'ont laissé quelques étincelles dont je prends soin. Je me rassemble en reconnaissant que la perception de moi qu'ont les autres ne m'appartient pas, que ce ne sont que des leurres du vrai moi. Je m'éparpille quand je prends conscience que ce « vrai moi » n'est qu'une sélection d'objets d'identification, que je ne suis pas plus ce corps que l'arbre, pas plus le produit de mon cerveau que celui de mon âme.
Je décime mon mal, mes peurs qui m'embarrassent, dans les cimes des Moi qui ont fait naufrage. Naissance qui me guette au bout du voyage, je n'en ai pas l'impression et pourtant j'ai pris de l'âge. J'ai besoin de me sentir vulnérable, à la merci de la vie, dans le courant de la rivière qui ne connaît pas la séparation. Je veux la présence en puits sans fond.

Balade nocturne

Un cadavre, froid, immobile, j'aurais aimé lui offrir une dernière caresse mais c'est presque comme si il était hors de ma portée, que la mort était contagieuse et qu'il était proscrit à toucher. C'est glauque, la mort qui vient remplacer en vide les battements et la chaleur d'un corps en vie. L'enveloppe comme un souvenir de ce qui fût, entre deux stades, dans l'interstice d'un cycle. Il était envahi de fourmis, nettoyant la scène de crime à demi avant que tout plein d'autres organismes exécutent à leurs tours leurs cérémonies. C'était un chat, aux longs poils soyeux, blancs et gris. Le sang frais coulait de sa bouche, une traînée mortelle à ses trousses. Ça devait être une voiture, ce n'était même pas au milieu mais au bord de la route, je me demande si la personne qui conduisait a remarqué qu'elle avait causé la mort d'un petit être qui effectuait sa balade nocturne. C'est une vision qui échappe à ma tristesse, je suis sur le pont avec lui, je vois dans sa carcasse la nostalgie, il fût vivant, je ne l'ai peut-être pas vu gambader avant mais je le sais car ses restes en témoignent… plus pour longtemps. De l'autre côté du pont, je vois la preuve de son existence être transmutée par le vivant pour nourrir le vivant. La mort puis la vie, la vie puis la mort. Tout se transforme, rien ne se perd, alors tout revient au même point. La diversité puis la singularité, puis la diversité encore. Sur le pont le passage est tellement éclair et suspendu que s'accrocher est peine perdue. C'est vertigineux, mais c'est le vertige et son adrénaline qui rendent ce moment étrangement heureux.

Étiquettes enchantées

Les passants ont des airs familiers, je leur colle des
étiquettes enchantées, ils deviennent magiciens,
sorcières, vampires, sirènes ou fées. Je leur invente
des histoires, lis dans ce qu'ils dégagent, leur laisse
l'espace de me montrer d'autres fragments de leurs
unicités plus tard. Il est plus facile de voir autrui
quand le soi n'est qu'un accessoire, plus facile de
s'écouter quand on voit le miroir, plus joli de
s'émerveiller face à l'ambivalence des possibilités
terrestres. Les concepts traduisent les rêves,
l'imaginaire, les peurs, les objets de désir ou de
rejet. Je crois que qualifier est déformer. Autant
alors s'en amuser. Je veux spéculer sur la nature
des détails qui m'entourent, suivre les sentiments
doux qu'entraînent de dire comme un enfant qui ne
connaît pas le jugement. Je veux faire de mon
mental une prison dorée, il dira l'amour, la joie, la
routine de revenir à soi, il sera un outil à mon cœur,
un gage à ma conscience, un arrosoir pour mes
fleurs.
Il sera utile dans l'instant présent, j'apprends à le
nettoyer souvent. Je l'assouplis en le gavant.
Ça a tellement de sens qu'avec le tout c'est le rien
qui accourt, j'ai bâti des croyances dans l'unique
but de les remettre en doute.
Les concepts fanent à l'approche de la singularité.
Ineffable est l'envergure de notre réalité.
Les opposés s'attirent car ils sont en fait
impossibles à séparer, l'illusion de la séparation
nous berce dans une fragmentation de l'unité.
Le tout et le rien ne sont pas en dualité, on choisit
où le curseur de notre conscience vient se placer, on

isole des morceaux de quelque chose
d'indissociable, on met en opposition deux revers
qui forment pourtant une même médaille.
Dans ce potentiel absolu, la quête de sens est le
sens, la conscience est le sens.
L'état de notre monde a du sens, c'est possible alors
ça se manifeste a dit la conscience.
Nous sommes les reflets qui animent notre
matérialité, sans nous le miroir ne reflète que la
vacuité. On voit les étoiles de la nuée céleste et on
les considère présent alors que la plupart ont
implosées depuis le temps. Nos yeux sont témoins
de leur existence passée mais sans nous il n'y aurait
plus personne pour s'en rappeler. Comme c'est nous
qui le composons, je ne peux m'empêcher de
l'aimer, notre doux et rugueux monde de dualité.
Je vois chacun de vos visages, changeants,
mouvementés, vivants, acharnés. Je vous vois être
là, avec moi sur un astre au sein de l'espace, à
écrire vos propres histoires, j'espère que l'on saura
se reconnaître tôt ou tard.

L'inconnue au rouge à lèvres

Qu'elle est belle cette femme, magnifique, je dirais même. Elle est accompagnée d'un enfant qu'elle materne volontiers, je ne sais pas si c'est son fils, peu importe. Comme c'est joli de la voir l'élever pour lui montrer la vue sur laquelle donne la fenêtre du train.
Elle m'inspire le vouvoiement, j'aimerais avoir le courage de m'approcher et de lui dire comme elle a ce genre d'aura qui me fait redevenir une petite fille qui regarde les femmes avec des yeux de merlan frit, en adoration devant leurs gestuelles, leurs sourires et leurs mains, si assurées dans chacun de leurs mouvements, si imposantes et rassurantes.
Merci belle inconnue aux yeux clairs et au rouge à lèvres foncé, pour votre visage doux qui m'apaise en ce début de voyage.

L'homme et les livres

Là, petite maison que j'aperçois en pleine ville.
Tout est mouvement mais lui est immobile.
Dans le séjour, il est avachi sur une chaise, entouré
d'une centaine de livres dressés en piles.
La lumière l'illumine.
Passionné ou prisonnier des pages à décrypter ?
Les histoires qu'on se raconte peuvent-elles nous
engouffrer ?
Je projette sur lui une image d'homme vivant en
reclus mais, peut-être sort-il acheter son pain à
l'aurore et discute avec ses voisins ou que le papier
lui parle plus que le pourrait n'importe quel humain.

Pièce de théâtre

Le confus
Le fainéant
Le titubant
Le pressé
L'en colère au pas déterminé
La baladeuse aux yeux émerveillés
L'étourdie
Le désespéré
La mère abîmée
Les amoureuses qui s'embrassent comme si le
monde s'éclipsait
Les rêveurs aux âmes d'enfants
Les parents aimants
Les gamins rejetés
Les mal-aimés
Les rescapés
Les survivants
Les reconstruits qui s'acharnent constamment
La danse perpétuelle des émotions qui élèvent les
sourcils, creusent les rides, bombent les pommettes
et plissent les fronts.
Les rôles s'échangent et se réinventent dans le jeu
incessant.
Une pièce de théâtre qui prend place partout, à
chaque petit instant.

Nous sommes le monde

Je ressens ta douleur presque comme si elle était
moi,
Je ressens ta peine comme si elle était mienne,
J'agonise de ta souffrance, de ta voix qui s'éteint
au gré des vérités retentissantes,
Je sais que tu ne veux pas les entendre, tu ne veux
pas mais tu dois,
Il te faut souffrir le martyre,
Tu sens ta peau se lacérer,
Tes muscles, dont ton cœur, ont l'air de lâcher,
De crouler sous la rancoeur envers cette vie qui t'en
a fait baver,
Il y a tellement d'événements sur lesquels tu auras
l'impression d'être impuissant,
J'en suis désolée.
Tu verras, j'en suis convaincue, comme la vie te
connaît bien, comme elle te guide parfaitement sur
le chemin,
Tu n'es pas laissé pour compte,
Tu es loin d'être seul au monde,
Tu es seul mais nous sommes un,
Nous formons un tout c'est certain,
Regarde comme les oiseaux ont l'air de nous parler,
Comme tout est à sa place,
Même si tout a l'air désordonné.
Tout ou presque passe, j'en suis sûr, ce n'est pas une
fatalité qui doit être pleurée,

Célébrons la fin, car elle prouve que cela a existé.
Reste l'amour, l'Unité.
Nous sommes la vie, nous sommes le monde et si tu
crois que ce sont des concepts bien éloignés de Toi,
tu oublies que la Terre porte la vie et que, la vie, tu
portes en toi, tout comme Eux, tout comme Elle,
tout comme Moi.

Le lampadaire

La lumière du lampadaire s'amoindrit durant quelques secondes, ne reste plus qu'une légère nuée orange.

La supérette de quartier s'illumine à son tour, il est 23h40.

Il n'y a personne, si quelqu'un était passé je l'aurais vu de ma fenêtre, j'y regardais la nuit filer à toute vitesse.

Je suis au creux qui bientôt s'élance en immense vague, je rêve de me sentir un avec le tout, avec le rien, comme je me sentais hier, comme je me sentirai demain.

J'ai confiance, je suis patiente.

Le lampadaire s'allume à nouveau, j'éteins la lumière de ma chambre, plonge dans les plus étranges de mes songes.

09h04, je me réveille du Soleil qui réchauffe la pièce.

Je suis Un.

À demain